Date: 11/13/18

spot

LAS GRÚAS

por Mari Schuh

AMICUS

brazo

cable

Busca estas palabras y estas imágenes a medida que lees.

gancho

carga

La grúa está lista
para trabajar.
¿Qué puede hacer?

Una grúa levanta cosas pesadas.
Las mueve de un lado a otro.

carga

¿Ves la carga? Es grande.

Una persona no puede

levantarla.

La grúa lo hace.

brazo

¿Ves el brazo?

Es una pieza larga.

Está hecha de acero.

¿Ves el cable?
Es un alambre grueso.
Está hecho de metal.

cable

¿Ves el gancho?

Esto sostiene la carga.

El gancho tiene un seguro.

gancho

Este es un edificio nuevo.

Una grúa levanta una viga larga.

¡Arriba!

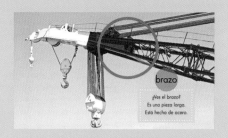

¿Ves el brazo?
Es una pieza larga.
Está hecha de acero.

¿Ves el cable?
Es un alambre grueso.
Está hecho de metal.

brazo

cable

¿Hallaste estas palabras y estas imágenes?

gancho

carga

¿Ves el gancho?
Esto sostiene la carga.
El gancho tiene un seguro.

gancho

¿Ves la carga? Es grande.
Una persona no puede
levantarla.
La grúa lo hace.

carga

Spot es una publicación de Amicus
P.O. Box 1329, Mankato, MN 56002
www.amicuspublishing.us

Copyright © 2018 Amicus. Todos los derechos internacionales
reservados en todos los paises. Prohibida la reproducción total
o parcial de este libro por cualquier método sin el permiso por
escrito de la editorial.

Información del catálogo de publicaciones de la biblioteca
del congreso
Names: Schuh, Mari C., 1975- author.
Title: Las grúas / por Mari Schuh.
Other titles: Cranes. Spanish
Description: Mankato, Minnesota : Amicus, [2018] |
Series: Spot. Máquinas poderosas | Translation of: Cranes. |
Audience: K to grade 3.
Identifiers: LCCN 2017005094 | ISBN 9781681512662
(library binding : alk. paper)
Subjects: LCSH: Cranes, derricks, etc.--Juvenile literature.
Classification: LCC TJ1363 .S3818 2018 | DDC 621.8/73--dc23
LC record available at https://lccn.loc.gov/2017005094

Impreso en los Estados Unidos de América

HC   10 9 8 7 6 5 4 3 2 1

Para Jadyn —MS

Wendy Dieker, editora

Deb Miner, diseño de la serie

Aubrey Harper, diseño del libro

Holly Young, investigación
fotográfica

Traducción de Victory Productions,
www.victoryprd.com

Fotos de 123rf 1; iStock portada,
4–5, 6–7, 8–9, 10–11, 12–13, 14–15;
Shutterstock 3

LAS GRÚAS